Rosette Poletti & Barbara Dobbs

Petit cahier d'exercices du lâcher-prise

Illustrations Jean Augagneur

jouvence éditions

Des mêmes auteures

Petit cahier d'exercices d'estime de soi, n.e. 2013

Petit cahier d'exercices d'émerveillement, 2011

Dans la même collection PETIT CAHIER

Petit cahier d'exercices pour identifier les blessures du cœur, Colette Portelance, 2013

Petit cahier d'exercices pour soulager les blessures du cœur, Colette Portelance, 2013

Petit cahier d'exercices des fabuleux pouvoirs de la générosité, Yves-Alexandre Thalmann, 2013

Petit cahier d'exercices pour pratiquer Ho'oponopono, Marieli Hurtado-Graciet, 2013

Petit cahier d'exercices de pleine conscience, Ilios Kotsou, 2012

Petit cahier d'exercices des quatre accords toltèques, Patrice Ras, 2011

Catalogue gratuit sur simple demande

ÉDITIONS JOUVENCE
BP 90107 – 74161 Saint Julien en Genevois Cedex
Suisse : CP 89 – 1226 Thônex (Genève)
Internet : **www.editions-jouvence.com**
Mail : info@editions-jouvence.com

ISBN 978-2-88911-461-0
Couverture et mise en page : Éditions Jouvence
Dessins de couverture et intérieurs : Jean Augagneur
Sauf les dessins du mandala (p. 33), des labyrinthes (p. 38 et 55) et de la fleur de lotus (p. 51) retravaillés ou réalisés par Barbara Dobbs. Ceux des fleurs sont extraits de *Les harmonisants émotionnels du Dr Bach*, Barbara Dobbs, Romont, Recto-verseau, 2006.

Lâcher prise!

Voilà qui est vite dit!

Mais comment faire?

Comment y parvenir?

Le but de ce petit cahier est de vous suggérer des pistes, des exercices pratiques pour avancer sur le chemin du lâcher-prise.

Savez-vous comment on capture les singes en Indonésie?

On met une orange dans une grosse citrouille, le singe y glisse sa main, prend le fruit, mais n'arrive plus à ressortir sa main. Comme il ne veut pas lâcher l'orange, il reste là, coincé, et on le capture.

Et pour vous, quelle est votre orange? Qu'est-ce que vous n'arrivez pas à lâcher?

C'est peut-être un ressentiment...
ou un regret...
ou une préoccupation...
ou une blessure qui date du passé...
ou une croyance...
ou un sentiment de culpabilité...

De quoi n'arrivez-vous pas à lâcher prise?

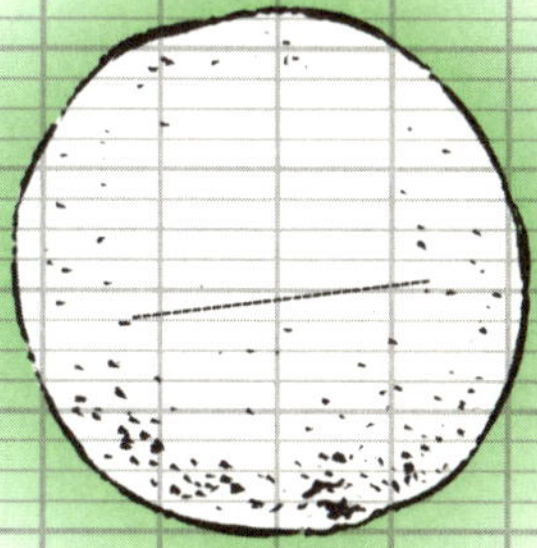

Nommez ce qui représente votre « orange ».

Lorsque vous lâchez prise, vous avez les deux mains libres.

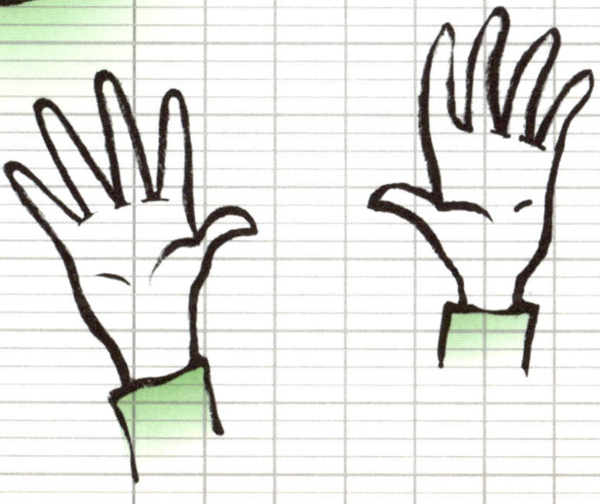

Vous pouvez accueillir ce qui vient !

Vous pouvez vivre ici et maintenant.

Mais pourquoi donc nous agrippons-nous à quelque chose qui nous empêche d'avancer?

C'est comme si nous ramions pour quitter le port sans avoir détaché le bateau...

Quelle énergie perdue!

Lâchons prise des croyances qui nous retiennent prisonniers!
Certaines de nos croyances constituent une véritable prison. Il s'agit de les supprimer une à une comme on scierait les barreaux d'une fenêtre de prison.
En effet, qu'est-ce qui nous empêche de scier ces barreaux, de lâcher l'orange, de détacher le bateau? Cela se trouve dans notre tête, dans nos croyances, qui nous ont été léguées par nos parents, notre famille, nos enseignants, les ecclésiastiques avec qui nous avons eu à faire. Ils nous ont transmis des messages que nous avons cru et que nous avons fait grandir en nous jusqu'à ce qu'ils deviennent des **croyances limitantes.**

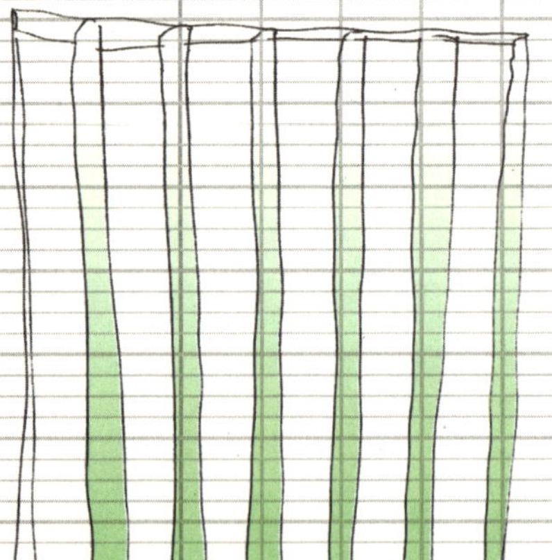

Découpez les vides entre les barreaux, regardez à travers et déchirez un certain nombre de barreaux.

Écrivez vos pressions sur un fruit ou une balle

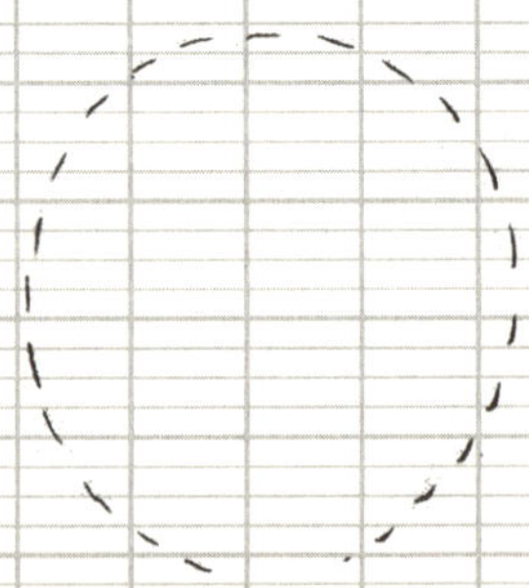

Découpez le cercle et faites l'expérience. Vous vous sentirez singe. Lâchez le fruit. Vous vous sentirez plus humain.

Comme le singe qui ne réalise pas qu'il y a d'autres oranges et qu'il peut grimper librement aux arbres pour les cueillir, nous avons « accepté » des croyances limitantes :

- La vie est absurde !
- Le bonheur n'existe pas !
- Tu es coupable de ne pas rendre les autres heureux ! Spécialement tes parents, ton (ta) conjoint(e) et tes enfants.
- Il y avait une seule bonne solution et tu ne l'as pas trouvée !
- De toute façon, tu n'y arriveras jamais !

Quels sont les messages qu'on vous a donnés et dont vous avez fait des croyances limitantes ? Écrivez-les ci-dessous !

...

...

...

...

...

Maintenant, prenez un crayon rouge et biffez vigoureusement ces croyances ! Puis, à travers la page, écrivez en vert :

« C'est faux, je n'y crois plus ! »

Trouvez un antidote, qu'est-ce qui est juste pour vous maintenant? Écrivez une phrase positive et aidante pour vous!

Comme, par exemple:

- La vie est passionnante!
- Chaque jour est un beau jour pour être vivant(e)!
- ...
- ...
- ...
- ...
- ...
- ...
- ...
- ...
- ...
- ...
- ...
- ...
- ...
- ...
- ...
- ...
- ...
- ...
- ...

Parfois, vous vous sentez « retenu(e) », « coincé(e) », par d'autres messages, plus simples et souvent plus subtils, qui non seulement vous ont été dits, mais aussi démontrés via le comportement de votre entourage.

Ils dictent votre propre comportement, occupent votre esprit et cela, souvent à votre insu. Voici quelques exemples:

- Vous vivez une relation difficile, « lourde » à porter, au sein de laquelle vous n'avez plus aucun plaisir. Pourtant, vous continuez, vous vous persuadez que c'est votre devoir, que vous ne pouvez pas modifier la situation.

Vous portez l'autre!

Pourquoi?

Parce qu'on vous a persuadé qu'il faut **être fort**, qu'il **faut aider**, mais qu'il n'y a pas d'aide en retour pour vous. Alors vous continuez.

• Peut-être avez-vous vu l'un de vos parents ou grands-parents faire cela? Quel fardeau avez-vous vu porter votre père ou votre mère? Pouvez-vous l'identifier, le nommer?

• Et vous, quels fardeaux ou quelles valises portez-vous et dont vous ne voulez plus? Nommez-les!

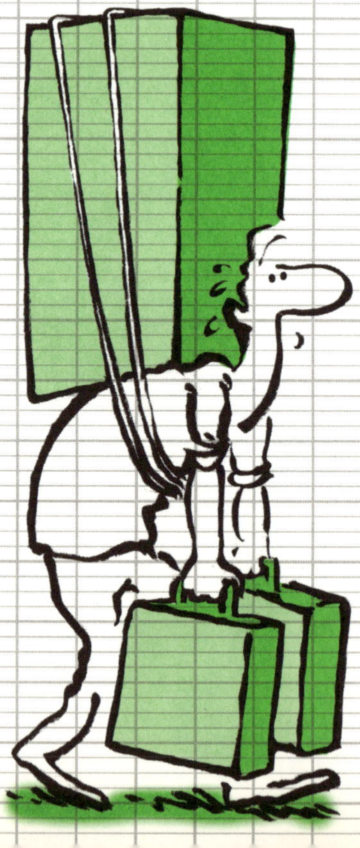

La question est la suivante : voulez-vous changer la situation ? Si c'est oui, voici deux moyens pour y arriver :

- Choisissez un gros caillou. Écrivez dessus au stylo indélébile le nom du fardeau que vous ne voulez plus porter. Puis lancez-le dans un lac, une rivière ou le plus loin possible.

Cela ne signifie pas, en aucun cas, que vous rejetez cette personne (s'il s'agit d'une personne !), que vous coupez les ponts avec elle, mais simplement que vous acceptez qu'elle vive sa vie et que vous avez le droit de vivre la vôtre !

Jacques Martel, dans son ouvrage ATMA, le pouvoir de l'Amour - Comment retrouver le potentiel de vie en soi, propose une autre démarche.

Il s'agit de dessiner (page suivante) simplement moi et l'autre comme dans l'exemple ci-contre.

Puis de dessiner autour de moi et de l'autre un cercle symbolisant une boule de lumière rayonnante comme dans l'exemple ci-contre.

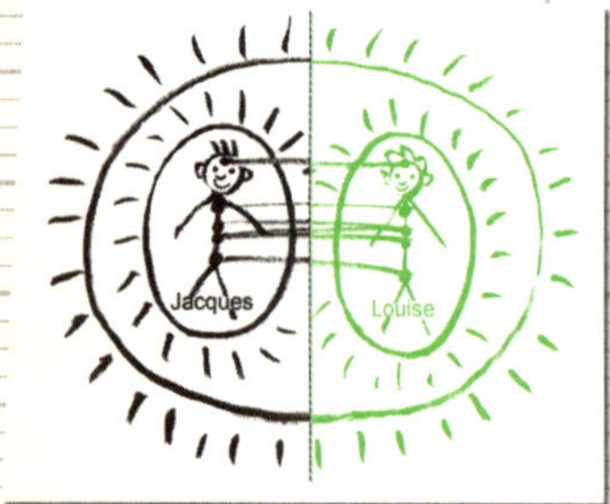

Ensuite, de dessiner un cercle de lumière rayonnante autour des deux personnes, ainsi que des traits les reliant par leurs centres d'énergie ou chakras, comme dans l'exemple ci-contre.

Enfin, de couper le dessin par le milieu comme dans l'exemple ci-contre.

On ne se coupe pas de la personne mais bien des liens d'attachement nocifs, de la prison intérieure que l'on s'était construite. Cette technique est très puissante car elle parle à l'inconscient.

Moi   l'autre

Peut-être êtes-vous de ceux qui ne sont jamais satisfaits de ce qu'ils font, de ce qu'ils créent ou produisent ! Une « mauvaise fée » vous a jeté un sort :

Depuis ce jour-là, vous n'avez plus jamais été content(e) de vous-même. Vous n'avez plus jamais été satisfait(e) de ce que vous aviez créé ou, pire, vous n'avez plus osé créer quelque chose. Vous avez rangé les pinceaux, vendu la guitare et laissé sécher les couleurs. Puisque vous ne pouviez pas être Vincent van Gogh, cela ne valait plus la peine d'essayer !

La bonne fée vous dit maintenant :

« Tu peux être toi et faire ce que tu peux faire. Exprime-toi ! Ose ! Lâche prise des vieux messages ! »

Avec votre main gauche, si vous êtes droitier(ère), écrivez 5 fois : « J'ai le droit d'être moi ! »

1.

2.

3.

4.

5.

Et avec la main droite, si vous êtes droitier(ère), vous écrivez 5 fois : **« Je lâche prise des attentes des autres à mon égard. »**

1.

2.

3.

4.

5.

Car vous seul pouvez créer la qualité de votre vie. Vous n'êtes pas toujours maître des événements qui surgissent dans votre existence, mais c'est vous qui décidez de votre attitude pour y faire face.

Il se peut aussi que vous vous sentiez très souvent coupable parce que vous n'arrivez pas à « faire plaisir » à votre entourage, à satisfaire les exigences de votre patron, de vos collègues…

Si vous êtes croyant(e), vous avez cette désagréable impression de ne pas être tout ce que vous devriez être, de ne pas arriver à plaire à tout le monde, à « être tout à tout » !

Vous savez très bien que vous vous êtes attelé(e) à une tâche impossible, et pourtant, vous continuez. Abraham Lincoln disait déjà : *« On peut plaire à quelques personnes tout le temps, à tout le monde quelquefois, mais jamais à tout le monde tout le temps. »*

D'accord, cela fait plaisir de faire plaisir, mais pas au prix d'un manque de respect de soi-même! Lorsqu'on peut faire plaisir tout en se prenant soi-même en considération, c'est comme si on retrouvait des ailes!

Je lâche prise de ma culpabilité!

Une manière de lâcher prise de sa culpabilité, c'est d'accepter la liberté de l'autre.

Dessinez le trait que vous choisirez de suivre par rapport à lui.

Mon territoire

Son territoire

Je n'ai pas à vivre sa vie !

Je peux bâtir des ponts, à condition que ce soit des ponts-levis garantissant la liberté de chacun.

« Es-tu d'accord pour que je descende le pont-levis ?

– Non, pas pour l'instant ! »

Choisissez l'ouverture du pont en repassant les traits correspondant au feutre.

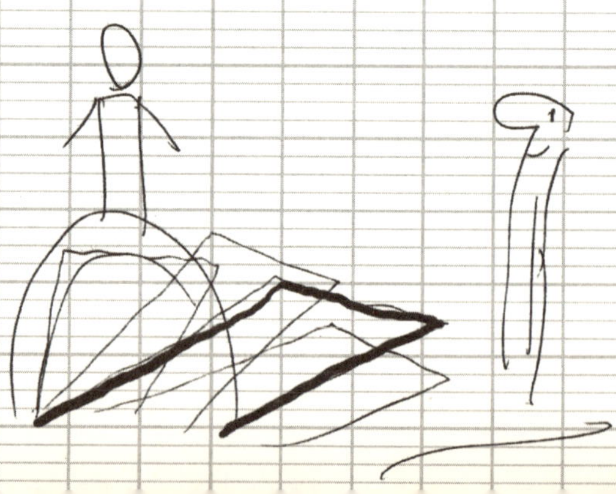

Lâchons prise des blessures que nous avons subies !

Il existe plusieurs manières d'y arriver :

- **Reconsidérer la blessure en se posant deux questions :**
  1. « L'autre voulait-il vraiment me blesser ? »
     Il se peut que ses mots aient dépassé sa pensée, qu'il m'ait certes pris(e) pour cible mais que ce soit son mal-être intérieur qui l'ait amené à accomplir des actes qui ont été perçus par moi comme des blessures, des trahisons, des méchancetés.
  2. Que sait-on vraiment de la motivation profonde des gens ?

Que l'autre ait voulu me blesser ou non, je peux lâcher prise de ma blessure grâce à l'exercice suivant :

Dans un endroit calme où je suis seul(e), debout, bien en équilibre sur mes pieds, je décide de « vider » mon cœur de toutes ses blessures.

10 à 12 fois de suite, ma main droite posée sur le cœur, j'inspire profondément et expire en émettant le son *« Ahah ! »* de toutes mes forces.

À chaque expiration, j'imagine, alors que j'émets ce son, que je me débarrasse de toutes ces blessures, évacuées vers l'extérieur.

Puis je m'accorde un instant de calme en m'asseyant confortablement ou en m'étendant pendant quelques minutes…

• Recourir à la visualisation

Il existe encore une autre manière de lâcher prise, c'est ce qu'on nomme *la visualisation*, en voici une qui peut vous s'avérer très utile **pour se libérer de souvenirs négatifs :**

Asseyez-vous dans une position confortable et le dos droit… Laissez vos yeux se fermer… Centrez-vous sur votre respiration… Il s'agit simplement d'en prendre conscience.

À l'inspiration, on peut se dire : *« J'inspire, je sens le calme… »* et à l'expiration : *« J'expire, je suis bien… »*. Il s'agit de répéter cela une dizaine de fois.

Pensez à une situation, une personne, un ressenti ou un souvenir qui vous encombre, dont vous n'arrivez pas à lâcher prise. Précisez bien ce dont il s'agit : le chien des voisins qui aboie au milieu de la nuit, ce collègue qui vous a trahi, votre fils qui a quitté ses études, vos difficultés à vous entendre avec votre belle-mère… Considérez ce qui vous dérange particulièrement dans ce genre de situation.

Puis, après avoir précisé tout cela, laissez vos yeux s'ouvrir, prenez une feuille de papier et dessinez la situation très très simplement.

Notez en bas du dessin : ***« Je refuse de continuer à abriter les peurs, les sentiments de colère et de tristesse issus de cette situation. »***

Ensuite, à l'aide d'un feutre noir, vous enfermez soigneusement la situation dans un cercle. Pendant quelques instants, et pour la dernière fois, vous envisagez cette situation. Après quoi, vous froissez le papier et vous le jetez loin de vous ou bien vous le brûlez. C'est une manière de « couper » un attachement malsain à une personne liée à ladite situation. Le mental y trouve une image et une action dont il peut se souvenir et le lâcher-prise sera ainsi facilité !

• Retrouver le calme intérieur

Il arrive aussi que nous nous sentions blessés par une attitude d'indifférence, de rejet ou par une absence de reconnaissance provenant de personnes que nous avons aidées, pour lesquelles nous nous sommes dévoués, nous nous sommes « sacrifiés ». Il est important de se souvenir que le vrai don n'attend rien en retour, qu'il vaut mieux ne pas donner que de le faire en espérant un élan de reconnaissance.

Si vous connaissez ce genre de blessures, vous pouvez lâcher prise en faisant l'**exercice** suivant :

Asseyez-vous confortablement, au calme, inspirez et expirez normalement 5-6 fois. Puis dites à l'inspiration : *« J'inspire, je sens le calme »* et à l'expiration : *« J'expire, je suis bien ! »* Enfin, ouvrez vos mains, paumes vers le haut, et répétez 5 fois : *« Je donne et je n'attends rien en retour. »*

Vous allez immédiatement ressentir un grand calme s'établir en vous et, chaque fois que, dorénavant, vous donnerez quelque chose à quelqu'un, vous pourrez vous répéter : *« Je donne et je n'attends rien en retour. »* Vous en verrez rapidement le résultat par le calme qui vous enrichira !

• Dessiner ses blessures

On peut encore lâcher prise d'une blessure en faisant l'exercice suivant :

Dessinez votre blessure. Quelle forme a-t-elle ? De quelle couleur est-elle ? Quelles sont ses dimensions ?

Laissez venir les réponses à ces questions. Prenez votre temps…

Puis arrachez la page et, selon les circonstances, déchirez-la en mille morceaux que vous jetterez ensuite ou brûlez la page en imaginant que votre ressentiment et votre blessure se consument en même temps.

MA BLESSURE :

• Le cadeau

Imaginez maintenant que vous receviez un paquet joliment emballé avec votre nom sur l'adresse. Vous l'ouvrez et vous y trouvez une lettre écrite sur un parchemin disant ceci :

Cher(ère) ami(e),

Bravo pour ce que tu as fait. Tu as eu le courage de détruire ce souvenir douloureux, ou de commencer à le faire. J'ai une bonne nouvelle pour toi. Sous le problème, sous la blessure, il y avait un cadeau pour toi : à cause de ce que tu as vécu, tu as appris quelque chose, tu es devenu(e) plus ouvert(e) à toi-même et aux autres. Toi seul(e) sais quelle est la nature de ce cadeau, regarde-le bien et accepte-le. Puis précise-le ci-dessous :

Ce que j'ai découvert à travers cette blessure, ce problème, c'est :

…

…

…

…

Ainsi, je sais que je peux dire chaque matin :
« Je lâche prise et je fais confiance. »

• Retrouver la sérénité intérieure

Puis, peut-être, que tout au fond de vous, vous allez trouver le désir d'aller encore plus loin que le lâcher- prise, vous pourrez aller vers le… (cherchez le mot vertical)

d é p ô t
g u i t a r e
a r b r e
b a n d e r o l e
a m i d o n
n e p t u n e

Oui, au-delà du lâcher-prise, il y a le **pardon.**

Pardonner n'est pas un acte de volonté, c'est un chemin qui se fait à l'intérieur de soi, un chemin de libération. C'est une possibilité, une manière de retrouver la sérénité au fond de soi.

Pardonner, c'est patiemment parcourir un chemin rocailleux qui est fait d'étapes telles que :

1. Décider de ne pas se venger et faire cesser les gestes offensants.
2. Accepter le fait qu'on a été blessé.
3. Prendre conscience de ce que l'on a perdu (confiance en soi, confiance en l'autre, par exemple) pour en faire le deuil.
4. Accepter ses émotions (colère, tristesse, peur).
5. Commencer par se pardonner à soi-même.
6. Commencer à comprendre son offenseur.
7. Donner un sens à ce qui s'est produit.
8. Tourner la page.

Lâcher prise du désir de contrôle sur les autres et l'environnement!

Nous tous, nous aimons contrôler. C'est notre manière de nous rassurer, de diminuer notre anxiété. Contrôler les autres, c'est leur dire:

- « Tu devrais... »
- « Tu dois... »
- « Je veux que tu... »
- « Il ne faut pas faire ainsi... »

Nous voulons contrôler les autres et pourtant, nous n'aimons pas être contrôlés.

Première étape:

<u>Qui a cherché à vous contrôler dans votre vie?</u>

Mettez des noms sur chaque figure. Par lesquelles vous laissez-vous encore contrôler?

Prenez un crayon feutre rouge et biffez les cordes qui vous relient à ceux qui essaient de vous contrôler.

« Ouf! Que c'est beau la liberté! »

Choisissez un CD que vous aimez et donnez-vous la permission de danser!

Dessinez votre tête

et poursuivez au crayon votre danse sur toute la page

Deuxième étape:

Qui sont les gens que, moi-même, je cherche à contrôler?

- dans ma famille:

...

...

...

- au travail:

...

...

...

Vous pouvez reprendre le crayon feutre rouge et décider de biffer les cordes du contrôle par lesquelles vous maintenez captifs ceux qui vous entourent!

Vous pouvez écrire 5 fois:

« Je me libère et je vous libère. Je lâche prise. »

1.

2.

3.

4.

5.

Lâcher prise du désir d'avoir raison!

« J'ai raison! »

Combien de fois par jour répétez-vous ces mots?

Ou l'une des variantes:

- « J'avais bien raison! »
- « C'est toi qui as tort! »

Si vous voulez être heureux, ne vous préoccupez pas d'avoir raison! Vivez votre vie et laissez les autres vivre la leur. Si vous les aimez, vous leur devez la liberté! Lâchez donc prise du désir d'avoir raison!

Avoir raison

Avoir tort

J'ai raison

J'avais raison

Tu verras que j'ai raison

Prenez un feutre noir et recouvrez ces mots!

Choisissez une phrase à utiliser au lieu de parler de raison et de tort et essayez-la!

Merci de me dire comment tu vois les choses.

Je vois les choses autrement, mercide me donner ta vision.

………………………………………
………………………………………
……………………………………

C'est intéressant!

Merci d'ouvrir mon horizon.

Merci de partager ton avis avec moi.

Avec un feutre vert ou rose, encadrez avec des petites fleurs la phrase qui vous convient.

Lâcher prise dans la vie quotidienne !

C'est parfois au quotidien à propos de petites contrariétés que le lâcher-prise peut être le plus difficile à effectuer :

- une personne se faufile dans la file d'attente devant vous,
- la vendeuse vous traite comme si vous étiez un intrus plutôt qu'un client,
- un conducteur étourdi vous coupe la priorité,
- vous manquez votre bus,
- votre ami(e) est en retard,
- un petit enfant pleure pendant tout le trajet sur un vol de trois heures,
- le serveur n'a pas bien compris votre demande et vous apporte autre chose que ce que vous aviez commandé,
- il pleut alors que vous vouliez vous promener !

Que faites-vous?

...

...

...

Que dites-vous?

...

...

...

Oh, bien sûr que vous pouvez exprimer votre mécontentement, faire savoir ce que vous ressentez, remettre l'autre à sa place, faire valoir vos droits… mais vous pouvez aussi lâcher prise, c'est-à-dire décider que la paix est plus importante que le conflit, que l'essentiel de la vie ne réside pas dans ces détails et que: *« Aujourd'hui est un beau jour pour être vivant(e)! »* Lâcher prise, c'est laisser être, c'est se concentrer sur ce qui est là de positif, de beau et de bon.

Si vous sentez que vous avez de la difficulté à revenir à la paix intérieure, coloriez le mandala à la page suivante, c'est un moyen infaillible pour retrouver le calme en soi.

Lâcher prise lors de grandes épreuves : maladies, séparations, deuils...

Comment peut-on parler de lâcher-prise dans des situations si pénibles ? À première vue, c'est impossible ! Pourtant, tous les êtres humains recherchent une bonne qualité de vie, la possibilité de vivre sans souffrir. Depuis le fond des âges et dans toutes les grandes sagesses du monde, il est apparu que ce qui cause la souffrance des humains, c'est leur résistance à ce qui est !

Prenez un instant pour colorier ce texte :

C'est la résistance
à ce qui est
qui cause
la souffrance

Puis, dans l'espace ci-dessous, écrivez ou dessinez vos réactions à cette phrase:

Puis identifiez ce qui vous fait souffrir en ce moment...

Ce qui me fait souffrir en ce moment :

Y reconnaissez-vous des résistances? Par exemple: « Je souffre parce que je n'ai pas pu avoir d'enfants, je trouve cela injuste! J'aurais été une bonne mère et des enfants naissent alors que leurs parents n'avaient pas vraiment souhaité les avoir! »

La résistance ici, c'est la non-acceptation de la réalité.
Oui, c'est une énorme frustration! Oui, c'est un deuil à vivre **et** c'est la réalité!
Petit à petit, la solution vers la plénitude intérieure, c'est le consentement à ce qui est!
Il s'agit d'un chemin, parfois long, parfois douloureux, qui comporte des routes sans issue. Il faut alors patiemment rebrousser chemin et chercher l'issue. On peut la trouver, elle se nomme *consentement à ce qui est, lâcher-prise, sérénité retrouvée.*
On entre à nouveau dans le mouvement vers la vie!

Avec un crayon de couleur verte, entrez dans le labyrinthe et cherchez l'issue!

Lors de deuils difficiles (subits, par suicide, par exemple)

Là aussi, il s'agit d'un chemin à parcourir, un chemin de révolte, de tristesse, de doutes. Puis vient le temps de tourner la page, de garder le souvenir, sans la souffrance, de garder tout ce qui était bon et beau, de remercier pour tout ce que nous avons reçu de celui ou celle qui nous a quittés.

Il s'agit d'enlever la « cape de deuil » qui nous maintenait hors des saveurs de la vie.

Voici venu le temps du lâcher-prise.

Celui ou celle qu'on aimait est là, bien présent(e) dans notre coeur et pour nous le temps est venu de vivre, de retrouver les saveurs de la vie, de ce temps de vie qui nous est accordé.

Faites une liste des 8 saveurs de la vie que vous préférez.

1.

2.

3.

4.

5.

6.

7.

8.

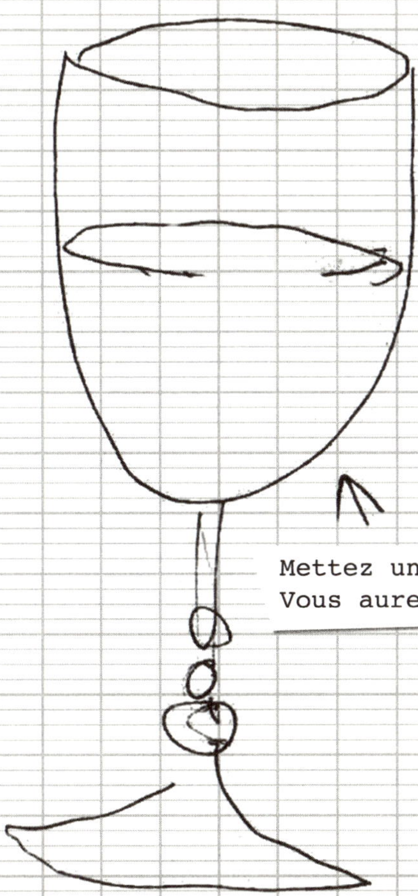

Mettez une couleur dans cet espace.
Vous aurez un verre à moitié plein.

Qu'est-ce qu'il reste comme ressources à développer?

...

...

...

...

...

Trouvez les 7 erreurs

« Je vais lâcher prise! »

Le jeu des 7 erreurs: les solutions

1. Il manque un tiroir.
2. Il manque une chaussure.
3. Il est écrit « très urgent » au lieu de « urgent ».
4. Il manque un stylo.
5. Un cahier est différent sur la pile de gauche.
6. Il manque une rose.
7. Il manque les sourcils

Lâcher prise, lâcher prise...???

Il arrive parfois qu'on ne voie pas bien de quoi il faudrait lâcher prise. Tout simplement, on se sent mal, découragé(e) ou triste. La vie n'a plus la saveur d'antan, mais on ne sait pas vraiment pourquoi.
Il existe un petit sigle, très aidant, qui nous a été donné lors d'un cours aux États-Unis: FOG. Fog, en anglais, cela signifie « brouillard ». On voit parfois sur les autoroutes américaines: « Caution: fog » - « Attention au brouillard! »

Le **F** de *fog* se réfère à *fear* qui veut dire « peur ».

Quelles sont les peurs réelles ou imaginaires qui vous empêchent de lâcher prise?

...

...

...

...

...

À quoi vous servent ces peurs? Puisque vous les gardez, c'est qu'elles vous sont peut-être utiles? Elles vous empêchent peut-être d'aller de l'avant, de prendre des risques ou d'avoir des conflits avec votre entourage? Vous seul savez quels rôles elles jouent!

Ma peur de...

m'est utile parce qu'elle me protège de...

Ma peur de...

m'est utile parce qu'elle me protège de...

Désirez-vous les garder?

O Oui O Non

Si oui, pour combien de temps?

...

Si non, comment allez-vous vous protéger sans elles?

...

...

...

...

Revenons à nos trois lettres **FOG**.

Le **O** est la première lettre du mot *obligations*.

Vous avez des obligations et vous ne pouvez pas lâcher prise de celles-ci !

Qui vous a imposé ces obligations ?

...

...

...

Dites-vous souvent : « Je suis obligé(e) de... » ?

O Oui O Non

Quelles sont vos « vraies obligations » ?

VRAIES OBLIGATIONS :

Notez-les ici :

Quelles sont les « obligations » qui vous pèsent et dont vous pourriez lâcher prise?

- Sur le plan familial?

PLAN FAMILIAL :

- Sur le plan professionnel ou associatif?

PLAN PROFESSIONNEL OU ASSOCIATIF :

- Sur le plan personnel?

PLAN PERSONNEL :

- Sur le plan amical?

PLAN AMICAL :

• Sur le plan religieux?

PLAN RELIGIEUX :

Qu'est-ce que vous dites pour accepter toutes ces obligations?

…

…

…

Maintenant vous pouvez décider de considérer toutes ces obligations et de ne garder que celles qui sont indispensables et/ou qui sont en cohérence avec « qui vous êtes vraiment ».

Prenez un crayon rouge et barrez toutes les obligations que vous pouvez supprimer. C'est difficile? Quelque chose vous retient?

C'est la dernière des trois lettres du mot **FOG**.

Le **G** de *guilt*, qui signifie « culpabilité ».

Pourquoi vivez-vous dans les peurs et acceptez-vous des obligations inutiles? Parce que si vous lâchez prise de tout cela, vous vous sentez coupable.

- Coupable de ne pas être tout à tous.
- Coupable de ne pas décider autre chose que ce que vos parents avaient décidé pour vous.
- Coupable de causer du déplaisir à quelqu'un.

La culpabilité est l'ennemi n° 1 du lâcher-prise!

Lâcher prise de ses peurs et de ses obligations, cela peut ne pas convenir à certaines personnes de son entourage!

Si vous lâchiez prise des obligations que vous avez barrées en rouge, qui, autour de vous, tenterait de vous culpabiliser?

...

...

...

...

Pourquoi et pour quelles raisons?

...

...

...

...

Est-ce suffisant pour que vous vous mainteniez dans l'inconfort des peurs, des obligations et de la culpabilité?

Ne répondez pas tout de suite, prenez le temps de vous mettre une musique douce que vous aimez, installez-vous dans un endroit confortable avec une boîte de crayons de couleur ou de peinture à l'eau, et offrez-vous un moment de méditation active silencieuse en coloriant pour vous-même cette fleur de lotus. Pendant ce temps, laissez infuser la question en vous!

Extrait du *Manuel de thérapie par le mandala* de Ruediger Dahlke, Paris, Le Courrier du livre, 2000.

Maintenant, vous avez probablement la réponse.

- Si vous avez répondu : « **Oui**, je garde mes obligations car je ne veux pas ressentir de la culpabilité », c'est que ce n'est pas encore le moment pour vous d'avancer vers le lâcher-prise.
- Si vous avez répondu : « **Non**, ce sentiment de culpabilité ne va pas m'empêcher d'aller de l'avant, de lâcher prise des obligations et des peurs inutiles qui polluent ma vie », alors il est temps de décider ce que je vais dire et à qui.

Il est possible de dire non, de se dégager des obligations qui nous pèsent avec bienveillance et fermeté. Cela peut se faire oralement ou par écrit selon les circonstances. Par exemple :

« Après dix ans de participation bénévole à la halte-garderie, j'ai décidé de cesser cette activité pour me consacrer à d'autres priorités dans ma vie. »

L'essentiel, lorsqu'on veut se défaire de certaines obligations, c'est d'avoir « décidé », puis de s'exprimer d'une manière ferme sans donner d'excuses. Tout être humain a le droit de choisir et de prendre des décisions sur la base de ses choix.

Lâcher prise d'obligations qui nous pèsent, cela procure un magnifique sentiment de liberté. Pourtant, ce n'est pas toujours confortable, au début surtout, car ceux qui bénéficiaient de nos engagements ne vont pas toujours accepter facilement de perdre ce que nous offrions. C'est là qu'il est nécessaire de bien comprendre que tout ce que dit l'autre ne concerne que lui. Et de ne pas « prendre pour soi » ce qui est dit. Par exemple :

« Je suis très surpris(e) qu'une personne comme vous, qui a du temps et des compétences, renonce à les mettre au service de la halte-garderie qui a tant besoin de bénévoles. Vous devriez penser aux mamans surchargées qui ont besoin de nous confier leurs enfants ! »

Quelle est votre réponse?

…

…

…

…

Entendre et ne pas prendre sur soi, cela pourrait être :

« Je peux entendre votre étonnement, j'ai en effet décidé d'accorder mon temps et mes forces à d'autres priorités ! »

Filtre qui me permet d'entendre l'autre sans me sentir émotionnellement touché(e) négativement

Lâcher prise pour retrouver l'essentiel !

Lâcher prise des peurs, des obligations inutiles et de la culpabilité, a un immense bénéfice, c'est la possibilité d'atteindre une plus grande paix intérieure et une plus grande sérénité. C'est aussi de diminuer le stress, l'anxiété et le découragement.

Lâcher prise permet de se désencombrer de l'inutile, de se retrouver, de retrouver l'essentiel.

Retrouver l'essentiel, de tout temps, les humains ont poursuivi cette quête. L'un des plus beaux symboles de cette quête est le labyrinthe de la Cathédrale Notre-Dame de Chartres, qui date du XIIIe siècle.

Nous vous proposons de le parcourir avec un crayon de couleur, en vous laissant méditer sur cet « essentiel », sur ce qu'il représente pour vous.

Le bonheur, c'est la liberté intérieure!

C'est la capacité de lâcher prise.

Au terme de ce parcours, nous vous proposons de faire l'exercice suivant en guise d'évaluation pour vous-même.

1. Lorsque j'entends le terme de lâcher-prise, je pense à:

...

...

...

2. Pour moi, le lâcher-prise essentiel est:

...

...

...

3. J'ai compris que je peux m'en approcher en:

...

...

...

4. Les difficultés que je peux rencontrer dans ma démarche de lâcher-prise sont:

...

...

...

5. Mes ressources essentielles pour atteindre la liberté intérieure sont:

...

...

...

6. Ce que je gagnerai en lâchant prise de ce que j'ai identifié, c'est:

...

...

...

7. Dès aujourd'hui, je vais commencer par:

...

...

...

Découpez les affirmations suivantes et choisissez-en une chaque jour.

Aujourd'hui, j'accepte ce qui est	Aujourd'hui, je pardonne	Aujourd'hui, je lâche prise de mes résistances
Aujourd'hui, je fais confiance	Aujourd'hui, je remercie quelqu'un	Aujourd'hui, je lâche prise du doute
Aujourd'hui, je me fais confiance	Aujourd'hui, je m'ouvre à ce qui vient	Aujourd'hui, je dis oui
Aujourd'hui, je ne blâme personne	Aujourd'hui, je me désencombre de l'inutile	Aujourd'hui, je me donne une liberté nouvelle
Aujourd'hui, je lâche prise d'une règle inutile	Aujourd'hui, j'accepte d'être imparfait(e)	Aujourd'hui, je donne sans rien attendre en retour
Aujourd'hui, je me concentre sur l'amour	**Aujourd'hui, est un beau jour pour être vivant(e)**	Aujourd'hui, c'est le seul jour qui compte

J'ai maintenant lâché prise des éléments suivants.

Écrire dans les paquets largués.

Je suis libéré(e),
je dis OUI
à la VIE!

Lâcher prise

Lâcher prise, ce n'est pas cesser de se préoccuper des autres, c'est simplement savoir que l'autre est autre et que sa vie lui appartient.

Lâcher prise, ce n'est pas me couper des autres, c'est simplement renoncer à les contrôler.

Lâcher prise, ce n'est pas aller vers l'indifférence ou l'égoïsme, c'est accepter de m'occuper de ce qui m'appartient.

Lâcher prise, c'est admettre que je ne suis pas tout(e)-puissant(e) et que le résultat de mes actions n'est pas entre mes mains.

Lâcher prise, c'est consentir à la réalité, même lorsqu'elle ne correspond pas à mes désirs.

Lâcher prise, ce n'est pas regretter le passé et craindre le futur, mais vivre pleinement, complètement le présent.

Lâcher prise, c'est craindre moins et aimer davantage.

Remplissez la page d'autant de cœurs que vous pourrez.

En conclusion

Nous espérons qu'au terme de ce parcours interactif et ludique, vous avez pu apprivoiser la notion de lâcher-prise. En guise de conclusion de ce petit cahier d'exercices, car il n'y a pas de conclusion à la démarche personnelle du lâcher-prise, nous aimerions vous laisser cette pensée afin qu'elle puisse servir de rappel dans les jours et les mois qui viennent :

« La capacité de lâcher prise,
la capacité de faire confiance, de
s'adapter positivement pour assumer
la responsabilité de donner du sens à sa
vie, à l'instant qui passe, c'est être prêt
à dire OUI, à consentir à la vie avec
tout ce qu'elle apporte avec elle ! »

À chacun de vous, lecteurs inconnus, nous souhaitons sérénité et joie de vivre.

Rosette Poletti & Barbara Dobbs

Bibliographie

Calatayud Chantal, *Apprendre à pardonner*, 2003.

Poletti Rosette & Dobbs Barbara, *Lâcher prise*, Genève, Éd. Jouvence, 1998.

Poletti Rosette & Dobbs Barbara, *La compassion pour seul bagage*, Éd. Jouvence, 2004.

Poletti Rosette & Dobbs Barbara, *Accepter ce qui*, Éd. Jouvence, 2005.

Poletti Rosette & Dobbs Barbara, *Plénitudes*, Éd. Jouvence, 2007.

Poletti Rosette & Dobbs Barbara, *Se désencombrer de l'inutile*, Éd. Jouvence, 2008.

Pradervand Pierre, *Gérer mon argent dans la liberté*, Éd. Jouvence, 2004.

Achevé d'imprimer en France en avril 2014
par l'imprimerie Hérissey à Évreux (Eure)
Dépôt légal : juin 2013
N° d'impression : 122268

Ce livre est imprimé par Hérissey qui assure une stricte application
des règles concernant le recyclage et le traitement des déchets,
ainsi que la réduction des besoins énergétiques.